헌신하는 삶을 살기 위한 …

헌신생활

5 2 출판사
obyeongieo

평신도 제자훈련 교재

헌신생활 『개역개정판』

지은이 _ 권영구
초판 발행 _ 2009년 4월 20일
초판 2쇄 발행 _ 2017년 3월 20일
펴낸 곳 _ 52출판
등록번호 _ 제 390-2004-00006호
주소 _ 경기도 광명시 소하로 162, 706동 604호
전화번호 _ 02) 2617-2044
F A X _ 02) 899-9189
홈페이지 _ www.cross9191.com / www.52ch.kr
구입문의 _ 02) 2617-2044, 2685-0423

ISBN 978-89-91822-31-3-93230
값 5,000원

헌신 생활

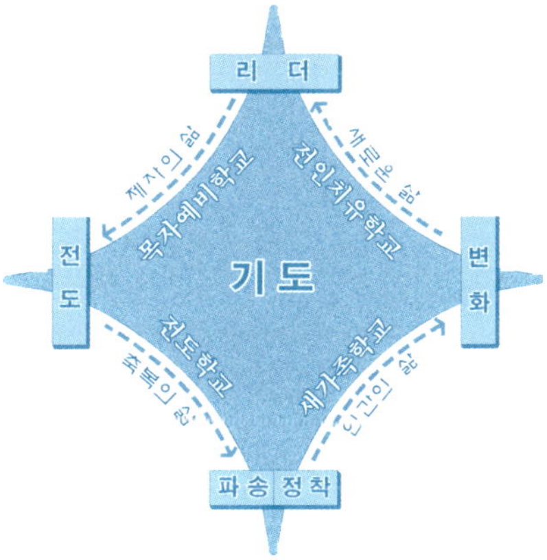

52 출판사
obyeongieo

머리말

목회를 하다보면 열심히 헌신하는 성도들의 모습을 보게 됩니다. 그러면서 '이 성도들이 앞으로 하나님께 많은 복을 받겠구나.' 하는 생각을 합니다. 반면에 어떤 성도들은 전혀 헌신을 하지 않습니다. 아니 헌신을 하는 건 둘째치고 아예 관심도 없습니다. 아무리 권면하고 설교를 통해 강조해도 예배만 드리고 그냥 가버립니다. 정말로 안타까운 일입니다. 그래서 하나님께 기도합니다. 그들이 변하여 하나님께 진정으로 헌신하는 믿음을 소유하게 해 달라고 말입니다.

성도들은 헌신하는 신앙생활을 해야 합니다. 자신의 환경이나 장애 유무에 관계없이 할 수 있는 한 모든 것에 헌신해야 합니다. 그렇게 하는 것이 하나님의 은혜를 깨달은 것이고 그 은혜에 보답하는 것입니다. 자신의 몸을 바쳐 헌신하는 사람들이 시간이 남아돌아 그렇게 하는 것이 아닙니다. 하나님의 은혜를 깨닫고 나니까 자신의 몸을 바쳐 갚아도 부족한 죄인이라는 것을 알게 되었기 때문입니다. 그래서 살아 있는 동안 최선을 다해 헌신하는 것입니다.

사도 바울이 자신의 모든 것을 포기하고 미혼으로 살면서 일생동안 복음을 전하다가 순교하게 된 이유가 있습니다. 그는 예수님을 핍박했던 사람이고, 자신의 잘못된 지식으로 예수님을 판단했고, 스데반 집사를 죽이는데 앞장서서 증인이 되었고, 그리스도를 따르는 수많은 사람들을 핍박했습니다. 그런데 예수님은 그런 바울을 죽이지 않고 다메섹에서 만나주셨습니다. 죄를 용서해 주셨을 뿐만 아니라 이방인에게 복음을 전하는 사람으로 사용까지 하셨다는 것입니다. 자기는 죽고 멸망당해야 할 죄인인데 복음전파자가 된 것이 너무 감사해서 일생동안 예수님의 사랑의 빚을 갚기 위해 목숨을 바쳐 헌신했던 것입니다.

여기 성도들도 자신이 정말 의롭다고 생각하는 사람은 없을 것입니다. 그렇다면 이제부터라도 사도 바울처럼 목숨을 바쳐 헌신해야 할 것입니다. 이것이 바른 믿음입니다. 헌신해야 하는 것을 알면서도 안 하는 것은 아직도 세상 것을 끊지 못하고 매여 있거나 좋아한다는 뜻입니다. 이러한 신앙은 하나님 중심적인 신앙이 아니라 세상 중심적인 신앙입니다. 아직도 진리를 깨닫지 못한 것입니다.

이 교재를 공부하면서 많은 깨달음과 은혜가 있기를 바랍니다.

2009년 3월 31일

서재에서 권영구 목사

C·o·n·t·e·n·t·s

제1과

헌신해야 할 이유

암·송·구·절

(마 22:37-38) "[37] 예수께서 이르시되 네 마음을 다하고 목숨을 다하고 뜻을 다하여 주 너의 하나님을 사랑하라 하셨으니 [38] 이것이 크고 첫째 되는 계명이요"

⊙ 진정한 헌신

그리스도인의 삶은 하나님께 헌신된 삶이라고 말할 수 있습니다. 어떤 사람이 예수 그리스도를 구주로 믿고 구원받았을 때, 그를 굳세게 세우기 위해 필요한 것이 헌신입니다. 바울은 구원을 받음과 동시에 헌신했습니다.

그런가 하면 어떤 분은 예수 그리스도를 구주로 믿으면서도 상당한 기간이 지나서야 헌신의 삶을 삽니다. 또 어떤 분은 그리스도를 구주로 시인을 하면서도 주님께 헌신되지 못한 삶을 살다가 일생을 마칩니다.

자칫 주님께 나오는 그 자체가 하나님께 큰 호의를 베푸는 것으로 오해하는 수가 있습니다. 내가 그리스도인이 된 것이 기독교의 큰 영광인양 또는 기독교에 큰 기여라도 한 것인양 오해하는 수가 있습니다.

복음은 비록 그가 왕일지라도 그의 왕관을 주님 앞에 내려놓고 낮은 자리에 처하게 합니다. 복음의 참된 의미를 깨닫게 되면 나의 구원이 하나님의 은혜임을 알게 됩니다. 따라서 하나님의 긍휼에 감사하게 됩니다.

그러므로 우리는 주님의 발 앞에 모든 것을 다 내려놓고 헌신할 수밖에 없습니다. 주님의 사랑에 붙들린바 되면 그분께 자기 자신을 드릴 수밖에 없습니다. 그리스도의 사랑을 경험하지 않고, 그리스도의 사랑에 감동되지 않은 상태에서는 진정한 헌신이란 있을 수 없습니다.

1. 헌신은 하나님에 대한 사랑의 표현입니다.

성도들은 누구나 하나님을 사랑한다고 말합니다. 그러면서도 행동으로 헌신하는 모습은 없습니다. 겨우 예배만 드리고 가는 사람이 많습니다. 참으로 자신이 하나님의 사랑을 받은 것을 깨닫고 있다면 하나님 사랑하는 것을 행동으로 보여야 합니다. 하나님을 사랑하는 바른 표현이 헌신하는 것입니다.

1) 마음을 다하고 뜻을 다하고 힘을 다하여 하나님을 사랑하라고 하십니다.

(신 6:5) "너는 마음을 다하고 뜻을 다하고 힘을 다하여 네 하나님 여호와를 사랑하라"

2) 예수님은 마음을 다하고 목숨을 다하고 뜻을 다하여 하나님을 사랑하라고 하십니다.

성도들은 하나님을 하나뿐인 목숨을 다 바쳐 사랑해야 합니다. 마음을 다해 사랑해야 합니다. 뜻을 다해 사랑해야 합니다. 이것이 가장 큰 계명입니다. 이것이 첫 번째 되는 계명입니다. 우리는 이것을 헌신으로 나타내야 합니다.

(마 22:37-38) "[37] 예수께서 이르시되 네 마음을 다하고 목숨을 다하고 뜻을 다하여 주 너의 하나님을 사랑하라 하셨으니 [38] 이것이 크고 첫째 되는 계명이요"

2. 헌신은 구원에 감사하는 마음입니다.

우리는 구원받은 은혜에 감사하며 살고 있습니다. 그런데 많은 성도들이 구원받은 은혜를 잊어버리고 삽니다. 헌신은 구원받은 은혜에 계속 감사하는 마음의 표현입니다.

1) 요한복음 8장에 보면 간음한 여인이 현장에서 잡혀와 돌에 맞아 죽게 되는 상황이 있습니다.

예수님께서는 (요 8:7) "너희 중에 죄 없는 자가 먼저 돌로 치라"고 말씀하시며 그 여인을 죽음에서 살리셨습니다. 그 후에 여인은 예수님의 은혜에 감사하여 일생을 예수님을 따라다니며 헌신했다고 합니다. 이렇게 죽음에서 구원받은 사람은 그 은혜를 마음에 새기고 잊지 않고 헌신하는 것입니다.

2) 사도 바울은 예수님의 제자들을 핍박했고, 스데반 집사가 죽을 때는 증인이 되기도 했습니다.

그러나 다메섹에서 예수님을 만나고 난 후 변화되어 새사람이 되었습니다. 그는 멸망 받아야 할 자신이 예수님의 사랑으로 구원받은 그 은혜를 갚기 위해서 일생을 전도자로 헌신합니다. 이렇게 구원받은 사람이 하나님의 은혜를 잊지 않고 진정으로 감사하는 행위가 헌신입니다.

3. 헌신은 행함으로 보이는 믿음입니다.

우리는 하나님을 믿는다고 하면서 행함이 없는 신앙을 보일 때가 많습니다.

성경은 믿음을 행함으로 보이라고 말씀합니다. 이 헌신은 믿음을 행함으로 보이는 확실한 행동입니다. 하나님을 믿는다고 하면서 행함이 없는 믿음은 죽은 믿음입니다. 이런 믿음은 하나님과 사람에게 인정받지 못하는 믿음입니다.

(약 2:17) "이와 같이 행함이 없는 믿음은 그 자체가 죽은 것이라"

(약 2:18) "어떤 사람은 말하기를 너는 믿음이 있고 나는 행함이 있으니 행함이 없는 네 믿음을 내게 보이라 나는 행함으로 내 믿음을 네게 보이리라 하리라"

4. 헌신은 하나님의 백성의 의무입니다.

하나님의 백성의 의무는 하나님께 충성과 헌신하는 것입니다. 그런데 자신이 하나님의 자녀요, 하나님의 백성이라는 자부심은 있는데 백성으로서의 의무를 행하지 않는 사람들이 있습니다. 이런 사람들은 입으로만 하나님을 믿고 행동은 하지 않는 성도입니다.

하나님께 헌신하는 것은 아무런 대가를 바라지 않고 봉사하는 것입니다. 하나님이 죄인인 나를 용서하시고 구원해 불러 주신 은혜에 감사하며 봉사하는 것입니다.

(벧전 4:11) "만일 누가 말하려면 하나님의 말씀을 하는 것 같이 하고 누가 봉사하려면 하나님이 공급하시는 힘으로 하는 것 같이 하라 이는 범사에 예수 그리스도로 말미암아 하나님이 영광을 받으시게 하려 함이니 그에게 영광과 권능이 세세에 무궁하도록 있느니라 아멘"

5. 헌신이란 무엇입니까?

헌신이란 하나님의 백성이 몸을 드려 충성, 봉사, 헌금, 헌물, 예배, 전도, 청소 등 하나님의 일을 직접적으로 하는 것을 말합니다.

(롬 12:1) "그러므로 형제들아 내가 하나님의 모든 자비하심으로 너희를 권하노니 너희 몸을 하나님이 기뻐하시는 거룩한 산 제물로 드리라 이는 너희가 드릴 영적 예배니라"

참고의 말씀

「진젠 돌프 백작의 헌신」

어떤 그림이 한 박물관에 걸리게 되었습니다. 많은 사람들이 이런 그림 저런 그림을 구경하러 왔습니다.

그때 독일의 젊은 백작 중의 한 사람이 여러 그림을 둘러보다가 한 구석에서 예수님이 십자가에 못 박혀 있는 그 그림을 보게 되었습니다. 전에는 많은 성화를 무심히 보았지만 그날은 이상하게도 무심히 볼 수가 없었습니다.

말하자면 그림 속 예수님의 얼굴이 젊은 백작의 마음을 붙잡아서 돌아서려고 해도 돌아설 수가 없어 오랫동안 보게 된 것입니다.

그림 아래에는 "나는 너를 위하여 이 일을 하였건만 너는 나를 위하여 무엇을 하느냐" 라는 글이 쓰여 있었는데, 그것이 예수님께서 친히 자기에게 말씀하시는 것같이 생각되어 그 자리에 앉아 "오, 주님이시여! 주님께서 나를 위하여 십자가에 못 박혀 고생을 당하고 죽으셨는데 나는 주님을 위하여 무엇을 해야 하겠습니까?" 하고 온전히 그 몸을 주님께 바치기로 결심했습니다.

이분이 우리가 잘 기억하는 모라비안 교회의 진젠 돌프라는 사람입니다. 18세기에 많은 피난민을 모아 그 사람들과 같이 기도하며 함께 교회를 조직하여, 몇 사람 안 되는 인원으로 온 천하에 선교 운동과 경건 운동을 일으킨 유명한 백작 진젠 돌프입니다.

깨달은 말씀 논하기

1. 하나님을 사랑하려면 어떻게 해야 합니까?

2. 헌신은 감사하는 마음으로 해야 합니다. 지금 어떤 마음으로 헌신하고 있습니까?

3. 헌신은 하나님의 백성의 의무라는 사실을 인정하십니까? 그렇다면 앞으로 어떤 일에 헌신하고 싶은 마음이 있습니까?

통성으로 기도하기

오늘 배운 말씀을 마음에 새기고 실천할 수 있는 믿음을 달라고 힘 있게 함께 기도하십시오.

진정한 예수님의 제자

진정한 예수님의 제자가 되려면 이 책을 공부하신 후에 필히 일대일로 가르치든지 그룹으로 가르쳐 지키게 해야 합니다.

(마 28:20) "내가 너희에게 분부한 모든 것을 가르쳐 지키게 하라 볼지어다 내가 세상 끝날까지 너희와 항상 함께 있으리라 하시니라"

제2과

헌신의 열매는 상급과 축복

암·송·구·절

(시 110:3) "주의 권능의 날에 주의 백성이 거룩한 옷을 입고 즐거이 헌신하니 새벽이슬 같은 주의 청년들이 주께 나오는도다"

⊙ 존 워너 메이커의 헌신

필라델피아에 존이라는 13세의 소년이 있었습니다. 그 소년은 벽돌공장에서 노동을 하는 아이였습니다. 그런 존의 마음을 아프게 한 것이 있었는데, 그것은 바로 존이 다니는 교회로 들어가는 길이었습니다. 비가 조금만 내려도 진창길이 되어서 다니기가 몹시 불편했습니다. 그러나 어른들은 아무런 대책도 세우지 않았습니다.

어느 날, 존은 한 가지 결심을 하였습니다. 그의 눈에는 이미 벽돌로 포장된 길과 그리로 오고가는 많은 아이들과 어른들이 보였던 것입니다. 존은 자신이 다니는 벽돌공장에서 받는 7센트의 임금에서 날마다 벽돌 한 장씩을 사서 깔기 시작했습니다. 이 길고 넓은 길을 존 혼자서 완성하려면 2년이 걸릴 것이었습니다.

그러나 1개월 내에 기적이 일어났습니다. 개인적이며 형식적인 신앙생활을 하던 어른들이 존의 그 행동에 감동을 받아, 길 뿐만 아니라 낡은 교회당을 헐어 다시 신축하기로 결의하고 그 일을 이루었다고 합니다.

이 소년의 이름이 미국에서 큰 백화점을 경영하는 성공적인 비즈니스맨이었던 존 워너 메이커입니다. 그는 세계적으로 YMCA 건물을 수없이 많이 지어 주었는데, 서울의 종로 2가에 있는 YMCA 건물의 벽돌도 그가 기증한 것이라 고 합니다.

그의 헌신적인 사랑은 그로 하여금 교회와 하나님의 사업과 자기 사업에서 대성공을 하게 만든 지름길이 된 것입니다.

1. 헌신하기 싫어하는 사람에게는 고난이 임합니다.

1) 요나는 전도의 헌신이 하기 싫어서 도망가다가 고난을 겪었습니다.

요나는 니느웨로 가서 복음을 전하라는 하나님의 명령에 몸을 드려 헌신해야 했는데 하기 싫어서 다시스로 도망쳤습니다.

(욘 1:2-3) "[2] 너는 일어나 저 큰 성읍 니느웨로 가서 그것을 향하여 외치라 그 악독이 내 앞에 상달되었음이니라 하시니라 [3] 그러나 요나가 여호와의 얼굴을 피하려고 일어나 다시스로 도망하려 하여 욥바로 내려갔더니 마침 다시스로 가는 배를 만난지라 여호와의 얼굴을 피하여 그들과 함께 다시스로 가려고 배삯을 주고 배에 올랐더라"

2) 아나니아와 삽비라 부부는 물질로 헌신하겠다는 마음에 욕심이 생겨 얼마를 숨겨두고 바치다가 죽게 되었습니다.

(행 5:1-11) "[1] 아나니아라 하는 사람이 그의 아내 삽비라와 더불어 소유를 팔아 [2] 그 값에서 얼마를 감추매 그 아내도 알더라 얼마만 가져다가 사도들의 발 앞에 두니 [3] 베드로가 이르되 아나니아야 어찌하여 사탄이 네 마음에 가득하여 네가 성령을 속이고 땅 값 얼마를 감추었느냐 [4] 땅이 그대로 있을 때에는 네 땅이 아

니며 판 후에도 네 마음대로 할 수가 없더냐 어찌하여 이 일을 네 마음에 두었느냐 사람에게 거짓말한 것이 아니요 하나님께로다 [5] 아나니아가 이 말을 듣고 엎드러져 혼이 떠나니 이 일을 듣는 사람이 다 크게 두려워하더라 [6] 젊은 사람들이 일어나 시신을 싸서 메고 나가 장사하니라 [7] 세 시간쯤 지나 그의 아내가 그 일어난 일을 알지 못하고 들어오니 [8] 베드로가 이르되 그 땅 판 값이 이것뿐이냐 내게 말하라 하니 이르되 예 이것뿐이라 하더라 [9] 베드로가 이르되 너희가 어찌 함께 꾀하여 주의 영을 시험하려 하느냐 보라 네 남편을 장사하고 오는 사람들의 발이 문 앞에 이르렀으니 또 너를 메어 내가리라 하니 [10] 곧 그가 베드로의 발 앞에 엎드러져 혼이 떠나는지라 젊은 사람들이 들어와 죽은 것을 보고 메어다가 그의 남편 곁에 장사하니 [11] 온 교회와 이 일을 듣는 사람들이 다 크게 두려워하니라"

2. 헌신의 열매가 있어야 복을 받습니다.

1) 헌신하는 사람은 교회에서 좋은 열매를 맺습니다.

(마 7:17-18) "[17] 이와 같이 좋은 나무마다 아름다운 열매를 맺고 못된 나무가 나쁜 열매를 맺나니 [18] 좋은 나무가 나쁜 열매를 맺을 수 없고 못된 나무가 아름다운 열매를 맺을 수 없느니라"

2) 좋은 열매를 맺는 것은 하나님께 영광과 찬송이 됩니다.

(빌 1:11) "예수 그리스도로 말미암아 의의 열매가 가득하여 하나님의 영광과 찬송이 되기를 원하노라"

3. 하나님을 믿으면 헌신해야 합니다.

1) 드보라와 바락 사사, 그리고 만 명의 이스라엘 백성은 다볼산 아래에서 가나안 왕 야빈과 군대장관 시스라가 이끄는 철병거 900대와 모든 군인들에게 맞서 전투 끝에 승리하게 되었습니다. 이것을 하나님께 헌신하였다고 합니다.

(삿 5:2) "이스라엘의 영솔자들이 영솔하였고 백성이 즐거이 헌신하였으니 여호와를 찬송하라"

2) 하나님의 은혜로 구원받은 것을 아는 성도들은 헌신해야 합니다.

(고전 4:2) "그리고 맡은 자들에게 구할 것은 충성이니라"

4. 헌신하면 상급과 축복이 있습니다.

1) 성도에게 헌신의 열매가 없다는 것은 신앙의 열매가 없다는 것과 같습니다.

하나님을 알고 난 후의 신앙의 열매는 교회와 가정에서 나타나야 합니다. 열매를 맺지 못하면 불에 던짐을 받을 수도 있습니다.

(마 3:10) "이미 도끼가 나무뿌리에 놓였으니 좋은 열매를 맺지 아니하는 나무마다 찍혀 불에 던져지리라"

2) 헌신과 신앙의 열매를 맺는 사람이 하나님 나라를 선물로 받습니다.

(마 21:43) "그러므로 내가 너희에게 이르노니 하나님의 나라를 너희는 빼앗기고 그 나라의 열매 맺는 백성이 받으리라"

3) 헌신하는 사람은 착하고 충성된 종이라는 칭찬과 함께 고을을 다스리는 상급을 받습니다.

(눅 19:17) "주인이 이르되 잘하였다 착한 종이여 네가 지극히 작은 것에 충성하였으니 열 고을 권세를 차지하라 하고"

참고의 말씀

「헌신의 열매」

미국에서 유명한 교회 중 하나인 강변 교회는 종이 68개나 달린 종각을 자랑합니다. 이 종은 소망을 잃은 자들에게 구원의 소망을 알려주는 역할을 하는데, 이 교회의 종이 울려 퍼지게 된 데에는 어느 한 젊은이의 헌신이 있었습니다.

9살 난, 한 소년은 어릴 때부터 남의 가게 점원 노릇을 하며 돈을 모았습니다. 그러던 어느 날, 그는 교회를 출석하는 가운데 큰 은혜를 받아 그가 일생 동안 모은 4억 달러의 돈을 하나님을 위해 헌금하였습니다.

이 돈은 미국 강변 교회를 세우는 계기가 되었고, 이로 인하여 많은 사람에게 아름다운 종소리를 들려주게 되었습니다.

이러한 헌신은 그의 자녀들에게까지 축복을 받게 하였는데, 그의 자손들은 후에 미국의 경제계를 뒤흔드는 큰손들이 되었습니다. 그의 손자 중 한 사람이 바로 세계 최고의 부자 록펠러입니다.

깨달은 말씀 논하기

1. 헌신하기 싫어서 도망가면 어떤 결과가 있을 것이라고 생각합니까?

2. 헌신하면 그 헌신의 열매가 나타나야 합니다. 교회에서 헌신하여 그 열매가 나타난 것이 있으면 말씀해 주십시오.

3. 헌신하면 하나님께서 상급과 복을 주십니다. 어떤 것들이 있습니까?

통성으로 기도하기

오늘 배운 말씀을 마음에 새기고 실천할 수 있는 믿음을 달라고 힘 있게 함께 기도하십시오.

진정한 예수님의 제자

진정한 예수님의 제자가 되려면 이 책을 공부하신 후에 필히 일대일로 가르치든지 그룹으로 가르쳐 지키게 해야 합니다.

(마 28:20) "내가 너희에게 분부한 모든 것을 가르쳐 지키게 하라 볼지어다 내가 세상 끝날까지 너희와 항상 함께 있으리라 하시니라"

제 3 과

성경에 나타난 헌신

암·송·구·절

(요일 3:16) "그가 우리를 위하여 목숨을 버리셨으니 우리가 이로써 사랑을 알고 우리도 형제들을 위하여 목숨을 버리는 것이 마땅하니라"

⊙ 저드슨의 헌신

저드슨(1788-1850)이 대학을 거쳐 신학교를 졸업하자, 보스턴 시에 있는 상류층의 교회에서 부목사로 일해 달라는 초빙을 받았습니다. 그의 동료 친구들은 모두 부러워했고 그의 어머니와 누이도 매우 기뻐했습니다.

그러나 저드슨은 고개를 흔들었습니다.

"하나님은 나를 해외선교에 쓰시려고 부르셨습니다. 내가 이곳에 남아 일을 하는 것도 주님의 일을 하는 것이지만, 그것은 부분적으로 하나님께 순종하는 것이 됩니다. 나는 주님께 온전히, 전체로 순종하렵니다."

안일한 자리를 물리친 저드슨은 결국, 철통같은 불교의 나라 버마에 선교사로 갔습니다. 그곳은 너무나도 어려운 곳이었기에 목숨을 바칠 각오로 일했으나, 처음 한 사람을 전도하여 세례를 베풀기까지 무려 6년 동안 갖은 고생을 겪었습니다.

저드슨은 오랜 기간을 버마의 감옥에서 지내기도 했고, 죽음과 질병의 고비도 몇 번이나 넘겼습니다. 그러나 저드슨의 거룩한 헌신은 5만 명이라는 크리스천을 미얀마 땅에 탄생시키고, 전 세계 크리스천들의 마음에 꺼지지 않는 횃불을 밝혀 놓은 것이 되었습니다.

1. 레위 자손이 하나님 편에 서서, 송아지를 만들어 놓고 하나님이라 부른 형제와 동족을 처벌하였을 때 그들에게 헌신하였다고 말합니다.

(출 32:26-29) "[26] 이에 모세가 진 문에 서서 이르되 누구든지 여호와의 편에 있는 자는 내게로 나아오라 하매 레위 자손이 다 모여 그에게로 가는지라 [27] 모세가 그들에게 이르되 이스라엘의 하나님 여호와께서 이렇게 말씀하시기를 너희는 각각 허리에 칼을 차고 진 이 문에서 저 문까지 왕래하며 각 사람이 그 형제를, 각 사람이 자기의 친구를, 각 사람이 자기의 이웃을 죽이라 하셨느니라 [28] 레위 자손이 모세의 말대로 행하매 이 날에 백성 중에 삼천 명 가량이 죽임을 당하니라 [29] 모세가 이르되 각 사람이 자기의 아들과 자기의 형제를 쳤으니 오늘 여호와께 헌신하게 되었느니라 그가 오늘 너희에게 복을 내리시리라"

2. 목숨을 걸고 가나안의 군대장관 시스라와 싸워 이긴 이스라엘 백성들에게 헌신하였다고 말합니다.

(삿 5:9) "내 마음이 이스라엘의 방백을 사모함은 그들이 백성 중에서 즐거이 헌신하였음이니 여호와를 찬송하라"

에훗 사사가 죽은 후에 이스라엘 백성이 하나님 앞에서 악을 행하였습니다. 그래서 하나님께서 하솔에 있는 가나안 왕 야빈에게 이스라엘을 침략하도록 허용하여 20년 동안 고통을 받습니다. 이스라엘 사람들은 하나님께 구원해 주시기를 부르짖었고 하나님은 여자 사사 드보라를 세워 구원하십니다.

드보라는 바락을 통해 이스라엘의 납달리 자손과 스블론 자손 만 명을 동원하여, 야빈 왕의 부하 시스라 군대장관이 이끄는 군대와 싸워 이겼습니다. 이렇게 목숨 걸고 싸운 것을 헌신하였다고 하는 것입니다.

3. 아브라함이 이삭을 바치는 헌신이 있습니다.

(창 22:1-2) "[1] 그 일 후에 하나님이 아브라함을 시험하시려고 그를 부르시되 아브라함아 하시니 그가 이르되 내가 여기 있나이다 [2] 여호와께서 이르시되 네 아들 네 사랑하는 독자 이삭을 데리고 모리아 땅으로 가서 내가 네게 일러 준 한 산 거기서 그를 번제로 드리라"

(창 22:9-12) "[9] 하나님이 그에게 일러 주신 곳에 이른지라 이에 아브라함이 그 곳에 제단을 쌓고 나무를 벌여 놓고 그의 아들 이삭을 결박하여 제단 나무 위에 놓고 [10] 손을 내밀어 칼을 잡고 그 아들을 잡으려 하니 [11] 여호와의 사자가 하늘에서부터 그를 불러 이르시되 아브라함아 아브라함아 하시는지라 아브라함이 이르되 내가 여기 있나이다 하매 [12] 사자가 이르시되 그 아이에게 네 손을 대지 말라 그에게 아무 일도 하지 말라 네가 네 아들 네 독자까지도 내게 아끼지 아니하였으니 내가 이제야 네가 하나님을 경외하는 줄을 아노라"

4. 한나가 사무엘을 하나님께 드리는 헌신이 있습니다.

(삼상 1:27-28) "[27] 이 아이를 위하여 내가 기도하였더니 내가 구하여 기도한 바를 여호와께서 내게 허락하신지라 [28] 그러므로 나도 그를 여호와께 드리되 그의 평생을 여호와께 드리나이다 하고 그가 거기서 여호와께 경배하니라"

(삼상 2:21) "여호와께서 한나를 돌보시사 그로 하여금 임신하여 세 아들과 두 딸을 낳게 하셨고 아이 사무엘은 여호와 앞에서 자라니라"

5. 바울이 자신을 바쳐 복음을 전하는 헌신이 있습니다.

(행 20:24) "내가 달려갈 길과 주 예수께 받은 사명 곧 하나님의 은혜의 복음을 증언하는 일을 마치려 함에는 나의 생명조차 조금도 귀한 것으로 여기지 아니하노라"

6. 솔로몬이 성전 건축을 위해 드리는 헌신이 있습니다.

(왕상 6:1) "이스라엘 자손이 애굽 땅에서 나온 지 사백팔십 년이요 솔로몬이 이스라엘 왕이 된 지 사 년 시브월 곧 둘째 달에 솔로몬이 여호와를 위하여 성전 건축하기를 시작하였더라"

(왕상 8:5) "솔로몬 왕과 그 앞에 모인 이스라엘 회중이 그와 함께 그 궤 앞에 있어 양과 소로 제사를 지냈으니 그 수가 많아 기록할 수도 없고 셀 수도 없었더라"

참고의 말씀

「마리아 프레밍거의 헌신」

슈바이처가 운영하는 아프리카의 랑바레네 병원에서 궂은일을 도맡은 미모의 간호사가 있었습니다. 그녀의 이름은 마리아 프레밍거. 헝가리 귀족의 딸로 그녀는 한때 재색을 겸비한 최고의 미인으로 추앙받았습니다.

모든 악기의 연주에 능했으며 비엔나에서 가장 유명한 연극배우로 명성을 떨쳤습니다. 그녀는 두 번 결혼했습니다. 첫 남편은 의사였고, 두 번째 남편은 헐리우드의 영화감독 오토 프레밍거였습니다.

그녀는 어느 날, 슈바이처의 찬송가 연주를 듣고 "지금까지 내 인생은 허상일 뿐이었다. 남을 위한 삶에 진정한 가치가 있다."고 생각하고 그 자리에서 아프리카행을 결심했습니다.

그리고 20년 동안 슈바이처가 운영하는 병원에서 흑인 병자들을 위해 사랑을 베풀다가 눈을 감았습니다.

프레밍거가 남긴 마지막 말은 "그리스도와 남을 위한 삶이 이렇게 행복한 것을...." 이었습니다.

깨달은 말씀 논하기

1. 레위 자손은 어려운 상황에서 하나님 편에 섰습니다. 결정하기 어려울 때 사람 편에 서겠습니까? 아니면 하나님 편에 서겠습니까?

2. 아브라함과 한나처럼 자녀를 하나님께 바치는 헌신을 요구하시면 어떻게 하겠습니까?

3. 사도 바울은 자신의 몸을 바치고 솔로몬은 자신의 재산을 바쳐 헌신했습니다. 이처럼 몸과 물질을 드려 헌신할 수 있습니까?

통성으로 기도하기

오늘 배운 말씀을 마음에 새기고 실천할 수 있는 믿음을 달라고 힘 있게 함께 기도하십시오.

진정한 예수님의 제자

진정한 예수님의 제자가 되려면 이 책을 공부하신 후에 필히 일대일로 가르치든지 그룹으로 가르쳐 지키게 해야 합니다.

(마 28:20) "내가 너희에게 분부한 모든 것을 가르쳐 지키게 하라 볼지어다 내가 세상 끝날까지 너희와 항상 함께 있으리라 하시니라"

제 4 과

몸을 드리는 헌신

암·송·구·절

(롬 12:1) "그러므로 형제들아 내가 하나님의 모든 자비하심으로 너희를 권하노니 너희 몸을 하나님이 기뻐하시는 거룩한 산 제물로 드리라 이는 너희가 드릴 영적 예배니라"

⊙ 리빙스턴의 헌신

어느 날, 영국의 한 시골에서 아프리카인을 위한 선교와 의료사업을 위해 헌금을 하고 있었습니다.

서양 사람들이 헌금을 담는 그릇은 우리의 주머니 모양과는 달리, 보통 조금 작기는 하지만 마치 우리가 사용하는 세수 대야처럼 생긴 것이어서 헌금을 넣으면 다 보이기 마련입니다.

이제 헌금 그릇이 쭉 돌아가면서 헌금을 담게 됩니다. 그런데 헌금 그릇이 한 소년 앞에 이르자, 이 소년이 대뜸 그 그릇 위에 올라앉는 것이었습니다. 놀란 어른들이 이게 무슨 짓이냐며 묻자 그 소년의 대답인즉,

"저는 돈이 없으니 제 몸을 바치겠습니다."

이 소년이 바로 맨 먼저 아프리카 선교사가 된 저 유명한 리빙스턴이라고 합니다. 우리는 이 어린 소년이 죽기로 헌신하는 자세, "나는 돈이 없습니다. 제 몸을 바치겠습니다." 라고 했던 뜻을 깊이 생각해야 할 것입니다.

진정 전적으로 헌신하기를 원하는 거기에 열매가 있는 것입니다.

1. 목회자로 헌신하는 것입니다.

목사, 전도사, 선교사로 일생을 자신의 몸을 드려 헌신하는 것입니다. 하나님이 제일 기쁘게 여기시는 헌신은 몸을 드리는 헌신입니다.

(행 20:24) "내가 달려갈 길과 주 예수께 받은 사명 곧 하나님의 은혜의 복음을 증언하는 일을 마치려 함에는 나의 생명조차 조금도 귀한 것으로 여기지 아니하노라"

(행 15:25) "사람을 택하여 우리 주 예수 그리스도의 이름을 위하여 생명을 아끼지 아니하는 자인 우리가 사랑하는 바나바와 바울과 함께 너희에게 보내기를 만장일치로 결정하였노라"

2. 전도자(목자)로 헌신하는 것입니다.

전도자는 목자나 교사와 같이 양육하고 전도하는 성도와 노방전도, 축호전도, 개인전도 등 복음전파와 양육, 그리고 전도를 중점으로 하는 성도를 말합니다.

(딤후 4:5) "그러나 너는 모든 일에 신중하여 고난을 받으며 전도자의 일을 하며 네 직무를 다하라"

(계 12:11) "또 우리 형제들이 어린 양의 피와 자기들이 증언하는 말씀으로써 그를 이겼으니 그들은 죽기까지 자기들의 생명을 아끼지 아니하였도다"

3. 봉사자로 헌신하는 것입니다.

봉사는 교회 청소, 식당 봉사, 주차 관리, 차량 운전, 교회 보수공사, 안내 등 많은 일들을 무보수로 하는 것입니다.

(엡 4:12) "이는 성도를 온전하게 하여 봉사의 일을 하게 하며 그리스도의 몸을 세우려 하심이라"

(벧전 4:10) "각각 은사를 받은 대로 하나님의 여러 가지 은혜를 맡은 선한 청지기 같이 서로 봉사하라"

(벧전 4:11) "만일 누가 말하려면 하나님의 말씀을 하는 것 같이 하고 누가 봉사하려면 하나님이 공급하시는 힘으로 하는 것 같이 하라 이는 범사에 예수 그리스도로 말미암아 하나님이 영광을 받으시게 하려 함이니 그에게 영광과 권능이 세세에 무궁하도록 있느니라 아멘"

4. 자신의 재능을 드려 헌신하는 것입니다.

(고전 12:28) "하나님이 교회 중에 몇을 세우셨으니 첫째는 사도요 둘째는 선지자요 셋째는 교사요 그 다음은 능력을 행하는 자요 그 다음은 병 고치는 은사와 서로 돕는 것과 다스리는 것과 각종 방언을 말하는 것이라"

1) 음악적인 재능을 드리는 것입니다.

찬양단, 성가대, 지휘, 반주, 악기 연주 등을 무보수로 봉사하며 헌신하는 것입니다.

(마 25:15) "각각 그 재능대로 한 사람에게는 금 다섯 달란트를, 한 사람에게는 두 달란트를, 한 사람에게는 한 달란트를 주고 떠났더니"

(딤후 3:17) "이는 하나님의 사람으로 온전하게 하며 모든 선한 일을 행할 능력을 갖추게 하려 함이라"

(엡 3:7) "이 복음을 위하여 그의 능력이 역사하시는 대로 내게 주신 하나님의 은혜의 선물을 따라 내가 일꾼이 되었노라"

(시 71:22) "나의 하나님이여 내가 또 비파로 주를 찬양하며 주의 성실을 찬양하리이다 이스라엘의 거룩하신 주여 내가 수금으로 주를 찬양하리이다"

(시 104:33) "내가 평생토록 여호와께 노래하며 내가 살아 있는 동안 내 하나님을 찬양하리로다"

2) 몸 찬양으로 헌신하는 것입니다.

(골 3:16-17) "[16] 그리스도의 말씀이 너희 속에 풍성히 거하여 모든 지혜로 피차 가르치며 권면하고 시와 찬송과 신령한 노래를 부르며 감사하는 마음으로 하나님을 찬양하고 [17] 또 무엇을 하든지 말에나 일에나 다 주 예수의 이름으로 하고 그를 힘입어 하나님 아버지께 감사하라"

3) 방송실 근무로 봉사하는 것입니다.

(벧전 4:10) "각각 은사를 받은 대로 하나님의 여러 가지 은혜를 맡은 선한 청지기 같이 서로 봉사하라"

4) 교회나 선교센터 사무실에서 봉사하는 것입니다.

(민 16:9) "이스라엘의 하나님이 이스라엘 회중에서 너희를 구별하여 자기에게 가까이 하게 하사 여호와의 성막에서 봉사하게 하시며 회중 앞에 서서 그들을 대신하여 섬기게 하심이 너희에게 작은 일이겠느냐"

참고의 말씀

「뮐러의 헌신」

윌리엄 뮐러는 손이 하나뿐이었습니다. 어릴 때 아버지의 공장에서 일하다가 기계에 잘린 것입니다. 다른 사람들은 그를 병신이라며 멀리하고 흉을 보았지만 그는 낙심하지 않았습니다. 비록 나이는 어렸지만 뮐러 옆에는 항상 성경책이 있어서 희망과 용기를 주었기 때문입니다.

그는 자라서 튼튼한 두 다리를 가진 것을 항상 감사하며 우편배달부를 했습니다. 불편한 몸이었지만 그의 배달은 빠르고 정확했습니다. 고된 배달이 끝나면 그는 주머니에서 성경을 꺼내 읽었습니다. 그는 이 좋은 책을 모두에게 읽힐 수 있게 하는 일에 자신을 사용해 달라고 기도했습니다.

그는 영국 성서공회를 찾아갔습니다. 그곳에서는 불구자가 하기 힘든 일이라고 거절했지만, 성서를 보급시키고 싶은 그의 꿈을 꺾지는 못했습니다. 결국 성서공회의 허락을 받고 부두 노동자를 대상으로 성경 파는 일을 시작했습니다. 그곳은 험악한 사람들이 많은 곳이라 처음에는 놀림을 받고 매를 맞기까지 하였습니다. 그러나 진실한 믿음을 전하고자 하는 그의 성성이 노동자들에게도 전달되어 성경은 날개 돋친 듯이 팔렸습니다.

그가 노동자에게 성경을 보급하는 일에 성공을 거두자, 영국 성서공회는 그를 중국 선교사로 파송키로 했습니다. 그리하여 뮐러는 성경을 들고 낯선 중국 땅으로 떠났습니다. 힘겨운 중국어를 배우고 다시 주님을 모르는 사람들에게 성경을 팔았습니다. 중국에서도 그의 정성과 믿음은 받아들여져 성경책은 잘 팔렸습니다. 이에 만족하지 않고 뮐러는 장님들도 성경을 읽을 수 있도록 몸소 한문으로 된 점자를 만들었습니다. 북경에서 그는 장님에게 점자를 가르쳐 성경을 읽게 하였고, 마침내 장님학교까지 만들었습니다. 한쪽 팔만 가진 그가 주님의 은혜로 양팔을 가진 사람보다 더 많은 일을 한 것입니다.

깨달은 말씀 논하기

1. 몸을 드리는 헌신에는 무엇이 있습니까?

2. 어떻게 몸을 드리는 헌신을 하고 있는지 말씀해 주십시오.

3. 앞으로 몸을 드려 헌신하기로 다짐했다면 어떤 부분에서 헌신하겠습니까?

통성으로 기도하기

오늘 배운 말씀을 마음에 새기고 실천할 수 있는 믿음을 달라고 힘 있게 함께 기도하십시오.

진정한 예수님의 제자

진정한 예수님의 제자가 되려면 이 책을 공부하신 후에 필히 일대일로 가르치든지 그룹으로 가르쳐 지키게 해야 합니다.

(마 28:20) "내가 너희에게 분부한 모든 것을 가르쳐 지키게 하라 볼지어다 내가 세상 끝날까지 너희와 항상 함께 있으리라 하시니라"

제 5 과

물질을 드리는 헌신

암·송·구·절

(잠 3:9-10) "[9] 네 재물과 네 소산물의 처음 익은 열매로 여호와를 공경하라 [10] 그리하면 네 창고가 가득히 차고 네 포도즙 틀에 새 포도즙이 넘치리라"

⊙ 살아있는 교회는 헌신이 필요하다

한 선교사가 뉴 헤브라이즈(New Hebrides) 군도에서 몇몇 원주민들이 돼지를 잡는 것을 보았습니다. 이 원주민들은 돼지의 꼬리를 잘라내서 그것들을 쌓아 놓았습니다. 선교사가 원주민들에게 왜 그렇게 하느냐고 묻자, 그들은 "고기는 우리를 위한 것이고 이 꼬리들은 우리의 신들을 위한 것이다."라고 대답하였습니다.

어떤 기독교인들은 꼭 그와 같은 어리석고 죄스러운 짓을 합니다. 모든 것을 자신들을 위하여 취하고 혹 남는다면 그 찌꺼기를 하나님께 드립니다. 이것은 대단히 옳지 않은 것입니다. 하나님께 대한 죄스럽고 사악한 불순종이요, 하나님의 것을 탈취하는 것입니다.

어떤 집사님이 한 교인에게 교회에 헌금할 것을 요청했습니다. 그 교인은 "교회는 항상 무엇인가 부족하군요?"라고 말했습니다. 그러자 집사님은 "저에게 귀한 아들이 있었습니다. 그 아이는 매우 귀한 자식이었습니다. 저는 그 아이에게 옷, 신발, 책 등 수많은 것들을 사 주어야 했습니다. 그러나 어느 날 밤,

그 아이는 불행하게도 죽고 말았습니다. 지금 내 아들은 저에게 한 푼의 돈을 요구하지 못하고 있습니다."라고 말했습니다.

교회가 살아있는 한, 교회가 건재하면서 세상을 축복하는 한, 교회는 움직이기 위해 무엇인가를 요구할 것입니다. 교회가 죽고 나면 여러분의 아무런 도움도 필요로 하지 않을 것입니다. 그러나 동시에 교회는 여러분에게 아무런 도움도 될 수 없을 것입니다. 교회가 살아있어서 여러분들과 제가 교회의 유지를 도울 수 있는 특권을 가졌다는 사실에 대해 하나님께 감사합니다.

– 헷셀 포드의 〈헌신〉 강해에서 –

1. 헌금의 정신

(대상 29:14-17) "[14] 나와 내 백성이 무엇이기에 이처럼 즐거운 마음으로 드릴 힘이 있었나이까 모든 것이 주께로 말미암았사오니 우리가 주의 손에서 받은 것으로 주께 드렸을 뿐이니이다 [15] 우리는 우리 조상들과 같이 주님 앞에서 이방 나그네와 거류민들이라 세상에 있는 날이 그림자 같아서 희망이 없나이다 [16] 우리 하나님 여호와여 우리가 주의 거룩한 이름을 위하여 성전을 건축하려고 미리 저축한 이 모든 물건이 다 주의 손에서 왔사오니 다 주의 것이니이다 [17] 나의 하나님이여 주께서 마음을 감찰하시고 정직을 기뻐하시는 줄을 내가 아나이다 내가 정직한 마음으로 이 모든 것을 즐거이 드렸사오며 이제 내가 또 여기 있는 주의 백성이 주께 자원하여 드리는 것을 보오니 심히 기쁘도소이다"

다윗 왕이 성전 건축을 위해 헌금과 헌물을 드리고 나서 기도한 내용입니다.

2. 의무적인 헌금

십일조, 주일헌금, 감사헌금 등

(말 3:8) "사람이 어찌 하나님의 것을 도둑질하겠느냐 그러나 너희는 나의 것을 도둑질하고도 말하기를 우리가 어떻게 주의 것을 도둑질하였나이까 하는도다 이는 곧 십일조와 봉헌물이라"

(고전 16:2) "매주 첫날에 너희 각 사람이 수입에 따라 모아 두어서 내가 갈 때에 연보를 하지 않게 하라"

(레 22:29) "너희가 여호와께 감사제물을 드리려거든 너희가 기쁘게 받으심이 되도록 드릴지며"

3. 교회 성물 헌신

강대상, 성찬기, 파이프오르간, 피아노, 영상 장비, 방송 장비, 교회에 필요한 집기 등

(민 18:29) "너희가 받은 모든 헌물 중에서 너희는 그 아름다운 것 곧 거룩하게 한 부분을 가져다가 여호와께 거제로 드릴지니라"

(민 28:2) "이스라엘 자손에게 명령하여 그들에게 이르라 내 헌물, 내 음식인 화제물 내 향기로운 것은 너희가 그 정한 시기에 삼가 내게 바칠지니라"

4. 절기헌금 및 교회행사 헌신

부활절, 맥추감사절, 추수감사절, 성탄절, 교회행사 찬소, 전도비 찬조, 성경학교 찬조, 수련회 찬조 등

(신 16:16) "너의 가운데 모든 남자는 일 년에 세 번 곧 무교절과 칠칠절과 초막절에 네 하나님 여호와께서 택하신 곳에서 여호와를 뵈옵되 빈손으로 여호와를 뵈옵지 말고"

5. 건축헌금 헌신

교회의 건축헌금, 교육관 헌금, 수양관 헌금 등

(대상 29:2-8) "[2] 내가 이미 내 하나님의 성전을 위하여 힘을 다하여 준비하였나니 곧 기구를 만들 금과 은과 놋과 철과 나무와 또 마노와 가공할 검은 보석과 채석과 다른 모든 보석과 옥돌이 매우 많으며 [3] 성전을 위하여 준비한 이 모든 것 외에도 내 마음이 내 하나님의 성전을 사모하므로 내가 사유한 금, 은으로 내 하나님의 성전을 위하여 드렸노니 [4] 곧 오빌의 금 삼천 달란트와 순은 칠천 달란트라 모든 성전 벽에 입히며 [5] 금, 은 그릇을 만들며 장인의 손으로 하는 모든 일에 쓰게 하였노니 오늘 누가 즐거이 손에 채워 여호와께 드리겠느냐 하는지라 [6] 이에 모든 가문의 지도자들과 이스라엘 모든 지파의 지도자들과 천부장과 백부장과 왕의 사무관이 다 즐거이 드리되 [7] 하나님의 성전 공사를 위하여 금 오천 달란트와 금 만 다릭 은 만 달란트와 놋 만 팔천 달란트와 철 십만 달란트를 드리고 [8] 보석을 가진 모든 사람은 게르손 사람 여히엘의 손에 맡겨 여호와의 성전 곳간에 드렸더라"

6. 선교헌금 헌신

매월 선교비, 선교지 방문 찬조, 선교시 선물, 선교지 건축 등

(고후 9:5) "그러므로 내가 이 형제들로 먼저 너희에게 가서 너희가 전에 약속한

연보를 미리 준비하게 하도록 권면하는 것이 필요한 줄 생각하였노니 이렇게 준비하여야 참 연보답고 억지가 아니니라"

7. 기타헌금 헌신

속죄헌금, 일천번제, 구제헌금, 교회 수리비, 자동차 구입비 등

(고후 8:2) "환난의 많은 시련 가운데서 그들의 넘치는 기쁨과 극심한 가난이 그들의 풍성한 연보를 넘치도록 하게 하였느니라"

(고후 9:13) "이 직무로 증거를 삼아 너희가 그리스도의 복음을 진실히 믿고 복종하는 것과 그들과 모든 사람을 섬기는 너희의 후한 연보로 말미암아 하나님께 영광을 돌리고"

참고의 말씀

「행한 대로 축복하신 하나님」

어떤 목사님이 70이 넘으신 성결교회 장로님 한 분을 만나서 대화를 나누었답니다.

그 장로님의 말씀은 "성서의 말씀 속에서 우리가 행한 대로 축복으로 갚아주시는 하나님이심을 깨달았다"는 것입니다.

장로님이 황해도에 계실 적에 단독으로 재산을 다 바쳐서 교회를 건축하였는데 하나님께서 장로님이 하는 사업과 자손에게 넘치도록 축복하셨답니다.

또 6.25동란 중에 월남하여 천호동에서 피난생활을 하면서도 예배당을 건축하셨다는 것입니다. 그랬더니 하나님이 축복을 하시는데 그 아드님이 장로님으로 브라질에 이민 가서 교회를 잘 섬기고, 그곳에 오는 수많은 한국 사람들이 모두 그 집 신세를 질 정도로 부유한 생활을 하고 있다고 합니다. 그리고 그 장로님이 가지고 있는 땅 2만평에 재건학교를 세워 생활이 어려워서 공부를 못하고 있는 농촌 학생들에게 교육을 시킬 계획을 가지고 있다는 것입니다.

깨달은 말씀 논하기

1. 헌금의 정신을 설명해 보십시오.

2. 헌금을 드릴 때 인색한 마음이 생깁니까? 아니면 즐거운 마음으로 드립니까?

3. 헌금 드리는 일이 즐겁다면 물질의 축복을 받게 될 것입니다. 앞으로 많은 부분에 물질로 헌신하십시오. 반드시 물질의 축복을 받게 될 것입니다. 그렇게 하겠다고 다짐하십니까?

통성으로 기도하기

오늘 배운 말씀을 마음에 새기고 실천할 수 있는 믿음을 달라고 힘 있게 함께 기도하십시오.

진정한 예수님의 제자

진정한 예수님의 제자가 되려면 이 책을 공부하신 후에 필히 일대일로 가르치든지 그룹으로 가르쳐 지키게 해야 합니다.

(마 28:20) "내가 너희에게 분부한 모든 것을 가르쳐 지키게 하라 볼지어다 내가 세상 끝날까지 너희와 항상 함께 있으리라 하시니라"

제6과

전도의 헌신

암·송·구·절

(골 4:3) "또한 우리를 위하여 기도하되 하나님이 전도할 문을 우리에게 열어 주사 그리스도의 비밀을 말하게 하시기를 구하라 내가 이 일 때문에 매임을 당하였노라"

⊙ 전도자 노병일

노병일은 인천 최초의 한국인 전도자입니다. 서산 출신으로 서울에서 예수를 믿은 그를 1887년 즈음, 아펜젤러가 인천에 파송했습니다.

필묵행상(筆墨行商)으로 변장하여 글방이나 객주집을 전전하며 먹이나 붓을 파는 체하며 전도했습니다. 미친 놈 취급을 받아 관가에 고발당하기 일쑤였고, 급기야 경찰서장은 그에게 "전도를 금할 것과 이에 불응할 경우 타지로 퇴거하라."는 명령을 내렸습니다.

그럼에도 "전도는 나의 본분인고로 전도하지 않을 수 없다."고 버텼으나, 개항장에서 30리쯤 떨어진 뱀내 장터(지금의 소래면 신천리)에 모인 사람들에게 성경을 팔며 전도하다가 병졸들에게 구타당하여 거반 죽게 되었습니다. 이렇게 그는 주변의 질시와 관청의 탄압에도 불구하고 5~6년 동안 전도를 계속했고, 이명숙과 나중에 한국 최초의 목사가 된 김기범을 첫 열매로 얻었습니다. 1890년 한국인의 손으로 건축된 최초의 자력 예배당인 회당 여섯 칸을 지었습니다. 실로 그는 한국의 스데반이요, 비록 피 흘려 죽은 적색 순교자는 아니었더라도 매 순간 주를 위해 죽을 각오를 하고 눈물과 땀을 아낌없이 쏟은 백색 순교자였던 것입니다.

1. 예수님의 명령이 전도로 헌신하라는 것이었습니다.

1) 예수님이 직접 전도하셨습니다.

(막 1:38) "이르시되 우리가 다른 가까운 마을들로 가자 거기서도 전도하리니 내가 이를 위하여 왔노라 하시고"

2) 제자들에게 전도하라고 하셨습니다.

(막 3:14) "이에 열둘을 세우셨으니 이는 자기와 함께 있게 하시고 또 보내사 전도도 하며"

3) 승천하시면서 하신 명령이 전도하라는 말씀이었습니다.

(마 28:19-20) "[19] 그러므로 너희는 가서 모든 민족을 제자로 삼아 아버지와 아들과 성령의 이름으로 세례를 베풀고 [20] 내가 너희에게 분부한 모든 것을 가르쳐 지키게 하라 볼지어다 내가 세상 끝날까지 너희와 항상 함께 있으리라 하시니라"

4) 하나님은 성도들이 전도로 헌신할 때 가장 기뻐하십니다.

가. 하나님 나라에서 가장 큰 상급이 전도하여 사람을 구원시키는 일입니다.
나. 예수님이 교회를 세우신 목적이 전도하여 사람을 구원하는 것입니다.
다. 성도들이 제일 많이 해야 할 일이 전도하는 일입니다.
라. 예수님 전도법으로 전도하면 땅에서도 많은 복을 받습니다.

2. 개인전도로 헌신

1) 초대교회 일곱 집사 중의 하나인 빌립은 열심히 개인전도로 헌신하였습니다.

(행 8:12) "빌립이 하나님 나라와 및 예수 그리스도의 이름에 관하여 전도함을 그들이 믿고 남녀가 다 세례를 받으니"

(행 21:8) "이튿날 떠나 가이사랴에 이르러 일곱 집사 중 하나인 전도자 빌립의 집에 들어가서 머무르니라"

2) 성도들도 열심히 개인전도로 헌신해야 합니다.

성도들은 고난을 받아도 열심히 전도해야 합니다. 이것이 하나님의 뜻이요, 성도들에게 주어진 사명입니다.

(딤후 4:5) "그러나 너는 모든 일에 신중하여 고난을 받으며 전도자의 일을 하며 네 직무를 다하라"

3) 가족을 사랑하는 마음으로 먼저 전도해야 합니다.

4) 이웃을 사랑하는 마음을 가지고 전도해야 합니다.

5) 전도하지 않는 사람은 하나님을 잘못 믿는 사람입니다.

3. 교회 전도대로 헌신

(행 5:42) "그들이 날마다 성전에 있든지 집에 있든지 예수는 그리스도라고 가르치기와 전도하기를 그치지 아니하니라"

1) 초대교회에서는 첫째가 전도하는 일이었습니다. 그래서 초대교회 성도들은 열심히 전도하는 일을 쉬지 않았습니다.

2) 초대교회 성도들은 성령 충만해서 전도하므로 상당히 빠른 교회성장과 구원의 열매가 맺어졌습니다.

3) 현대교회 성도들도 모두 모여 힘을 합쳐 전도로 헌신해야 합니다.

4) 성도들은 전도를 배워서 열심히 헌신해야 합니다.

5) 교회 전도대에 들어가 함께 전도로 헌신해야 하나님이 기뻐하십니다.

4. 개인이 전도비를 드려서 전도해야 합니다.

1) 전도할 때 교회에서 전도 물품을 지급해야 합니다.

2) 개인이 전도비를 사용하면 하나님이 아시고 축복하십니다.

3) 전도할 때 돈을 많이 사용하면 전도가 쉽게 잘 됩니다.

5. 전도헌금으로 헌신

본인이 직접 전도를 하지 못 하는 성도는 매월 전도비를 헌금하여, 그 돈으로 다른 사람이 전도할 수 있도록 헌신해야 합니다. 본인이 너무 바쁘거나 사정이 있어서 전도를 못 할 때 다른 사람이 대신 전도할 수 있도록 전도헌금을 드리는 것입니다. 이러한 신앙을 가지면 하나님이 기뻐하십니다.

우리가 선교비를 내서 선교사를 파송하여 선교하도록 하는 것과 같습니다.

여러 사람의 전도비가 합해진다면 교회는 전도만 전문으로 하는 성도를 세울 수 있습니다.

참고의 말씀 ①

「전도 헌금」

어떤 교회는 해마다 가을 추수전도를 합니다. 불신자를 초청해 결신시키고 영혼을 구원하는 총력전도 축제입니다.

금년에도 온 교우들이 열심히 초청했는데, 한 서리집사 부부가 "하나님, 우리 아버지의 영혼을 이번 전도주일에 구원해 주시옵소서." 하는 전도 감사헌금을 드리며 전도했습니다.

이분들은 월급생활을 하는 중산층 40대 부부입니다. 그렇게 어렵지도 않고 넉넉지도 않는 생활에 조금씩이라도 저축하며 살 수 있도록 축복하신 하나님께 항상 감사하며 살고 있으나, 아직 아버지의 영혼을 구원 못한 것이 한이 되어 크게 헌금을 드린 것입니다. 가슴이 뭉클했습니다. 아버지의 영혼을 위해 하나님께 드리는 그 순수한 손길이 아름다웠습니다.

영혼은 천하의 어떤 재물로도 살 수 없습니다. 오직 예수님의 피 공로로 밖에 살 수 없습니다. 그러나 값 주고 살 수 없는 영혼을 구원해 달라고 하나님께 가장 값진 재물을 드릴 수는 있습니다.

참고의 말씀 ②

「오명신 집사 간증」

황해도 신천에 있는 장개교회 오명신 집사에 관한 이야기입니다. 예수 믿고 교회 다닌다는 이유로 남편에게 수없이 매를 맞았으며, 여러 번 집에서 쫓겨났고 성경, 찬송도 불태워졌습니다. 그러나 오 집사는 그 남편의 영혼 구원을 위해 계속 눈물로 기도했습니다.

어느 날, 술에 취한 채 집에 들어온 그녀의 남편은 부흥회에 참석하러 간 아내를 찾으러 갔습니다. 어두컴컴한 예배당 안에서 자기 아내라고 생각된 여자의 머리채를 잡고 밖으로 나와 두들겨 팼습니다. 비명을 지르며 쓰러진 뒤에 보니, 그 여자는 자기 아내가 아닌 면장 부인이었습니다. 겁에 질린 그는 살려달라고 애원했습니다. 집사인 면장 부인은 두 가지 일을 하면 감옥에 보내지 않겠다고 말했습니다. 그것은 앞으로 오 집사를 때리지 말 것과 교회에 나와야 한다는 것이었습니다. 그래서 그는 그 다음날부터 예수를 믿고 교회에 나가게 되었고 집사가 되었습니다.

기도는 만사를 변화시킵니다. 오 집사의 기도는 면장 부인이 매를 맞은 일을 통해 응답되어 그 남편이 구원받게 되었습니다. 한 영혼의 구원은 남을 위한 십자가를 지는 자를 통해서 이루어집니다.

깨달은 말씀 논하기

1. 예수 그리스도께서 제자들에게 한 명령이 무엇이었습니까?

2. 개인전도로 헌신한 일을 말씀해 주십시오.

3. 앞으로 성도들은 전도로 헌신해야 합니다. 어떤 곳이든지 때와 장소에 관계없이 전도로 헌신하기 위해서 기도로 준비하고 예수님의 전도법을 실천해야 합니다. 그렇게 하시겠습니까?

통성으로 기도하기

오늘 배운 말씀을 마음에 새기고 실천할 수 있는 믿음을 달라고 힘 있게 함께 기도하십시오.

진정한 예수님의 제자

진정한 예수님의 제자가 되려면 이 책을 공부하신 후에 필히 일대일로 가르치든지 그룹으로 가르쳐 지키게 해야 합니다.

(마 28:20) "내가 너희에게 분부한 모든 것을 가르쳐 지키게 하라 볼지어다 내가 세상 끝날까지 너희와 항상 함께 있으리라 하시니라"

제7과

목회자에게 헌신

암·송·구·절

(딤전 5:17) "잘 다스리는 장로들은 배나 존경할 자로 알되 말씀과 가르침에 수고하는 이들에게는 더욱 그리할 것이니라"

⊙ 하나님의 종을 섬기는 장로

치과를 운영하고 있는 ○○○ 교회 ○○○ 장로님은 하나님께서 축복하셔서 매년 수입이 늘어나 십일조가 늘어났고, 가족은 사랑으로 하나가 되어 다복한 가정이 되었습니다.

장로님은 매년 1월 1일이면 섬기는 교회의 담임목사님과 부교역자 자녀들까지, 모든 교역자 가족을 모시고 일류 호텔에서 최고급 식사를 대접합니다. 그리고 장로님의 어머님 되는 권사님은 주일마다 교역자들에게 갓 구워낸 빵으로 섬기고, 장로님의 아내 되는 집사님은 명절과 기념일에는 어김없이 냄비세트를 드리며 정성껏 주의 종을 섬깁니다. 하나님께서는 장로님과 가족들의 믿음을 보시고 장로님 가정에 복에 복을 주셨습니다. 사업의 지경을 넓혀주셨고 환난에서 벗어나 근심이 없는 복을 주셨습니다.

장로님에게도 좋은 일만 있었던 것은 아닙니다. 기도해서 어렵게 얻은 자녀가 세상의 빛을 보기도 전에 모태에서 탯줄에 감겨 죽었고 사업은 힘들어만 갔습니다. 그러나 장로님은 이 모든 것이 더 좋은 것을 주시고자 하시는 하나님의 섭리로 믿고 기도로 어려움을 이겨냈습니다. 눈물로 하나님을 섬겼고 주의 종을 정성껏 섬겼습니다. 그랬더니 하나님께서는 다음해에 쌍둥이 아들을 주셨습니다. 하나님께서는 하나를 데려가시고 둘을 주셨습니다. 그리고 큰 아들은 영국에서 의학을 공부하여 의사의 길을 가게 하셨습니다.

장로님은 지금도 말씀하십니다. "주의 종을 하나님을 섬기듯 섬겼더니 하나님께서 나로 하여금 복에 복을 주셔서 지경을 넓혀 주시고 근심이 없는 복을 주셨습니다."라고 말입니다.

1. 하나님의 종을 섬기는 헌신

(왕상 17:8-22) "[8] 여호와의 말씀이 엘리야에게 임하여 이르시되 [9] 너는 일어
나 시돈에 속한 사르밧으로 가서 거기 머물라 내가 그 곳 과부에게 명령하여 네게
음식을 주게 하였느니라[11] 그가 가지러 갈 때에 엘리야가 그를 불러 이르되 청하
건대 네 손의 떡 한 조각을 내게로 가져오라 [12] 그가 이르되 당신의 하나님 여호
와께서 살아 계심을 두고 맹세하노니 나는 떡이 없고 다만 통에 가루 한 움큼과 병
에 기름 조금 뿐이라 내가 나뭇가지 둘을 주워다가 나와 내 아들을 위하여 음식을
만들어 먹고 그 후에는 죽으리라 [13] 엘리야가 그에게 이르되 두려워하지 말고 가
서 네 말대로 하려니와 먼저 그것으로 나를 위하여 작은 떡 한 개를 만들어 내게로
가져오고 그 후에 너와 네 아들을 위하여 만들라 [15] 그가 가서 엘리야의 말대로
하였더니 그와 엘리야와 그의 식구가 여러 날 먹었으나 [16] 여호와께서 엘리야를
통하여 하신 말씀 같이 통의 가루가 떨어지지 아니하고 병의 기름이 없어지지 아
니하니라 [17] 이 일 후에 그 집 주인 되는 여인의 아들이 병들어 증세가 심히 위중
하다가 숨이 끊어진지라 [21] 그 아이 위에 몸을 세 번 펴서 엎드리고 여호와께 부
르짖어 이르되 내 하나님 여호와여 원하건내 이 아이의 혼으로 그의 몸에 돌아오
게 하옵소서 하니 [22] 여호와께서 엘리야의 소리를 들으시므로 그 아이의 혼이 몸
으로 돌아오고 살아난지라"

1) 주의 종을 섬겼더니 3년 6개월의 기근 중에 양식 걱정 없이 살았습니다.

2) 죽은 아들이 살아나는 기적을 보게 되었습니다.

(마 10:40-42) "[40] 너희를 영접하는 자는 나를 영접하는 것이요 나를 영접하는 자는 나를 보내신 이를 영접하는 것이니라 [41] 선지자의 이름으로 선지자를 영접하는 자는 선지자의 상을 받을 것이요 의인의 이름으로 의인을 영접하는 자는 의인의 상을 받을 것이요 [42] 또 누구든지 제자의 이름으로 이 작은 자 중 하나에게 냉수 한 그릇이라도 주는 자는 내가 진실로 너희에게 이르노니 그 사람이 결단코 상을 잃지 아니하리라 하시니라"

2. 충신으로 헌신

(딤후 2:2) "또 네가 많은 증인 앞에서 내게 들은 바를 충성된 사람들에게 부탁하라 그들이 또 다른 사람들을 가르칠 수 있으리라"

(계 2:13) "네가 어디에 사는지를 내가 아노니 거기는 사탄의 권좌가 있는 데라 네가 내 이름을 굳게 잡아서 내 충성된 증인 안디바가 너희 가운데 곧 사탄이 사는 곳에서 죽임을 당할 때에도 나를 믿는 믿음을 저버리지 아니하였도다"

3. 물질로 헌신

(갈 6:6) "가르침을 받는 자는 말씀을 가르치는 자와 모든 좋은 것을 함께 하라"

1) 목회자들이 생활비를 걱정하지 않도록 해 주어야 합니다.

2) 좋은 일이 있으면 함께 하는 신앙이 복을 받습니다.

4. 순종으로 헌신

(고전 16:16) "이같은 사람들과 또 함께 일하며 수고하는 모든 사람에게 순종하라"

(골 3:22) "종들아 모든 일에 육신의 상전들에게 순종하되 사람을 기쁘게 하는 자와 같이 눈가림만 하지 말고 오직 주를 두려워하여 성실한 마음으로 하라"

(몬 1:21) "나는 네가 순종할 것을 확신하므로 네게 썼노니 네가 내가 말한 것보다 더 행할 줄을 아노라"

(벧전 5:5) "젊은 자들아 이와 같이 장로들에게 순종하고 다 서로 겸손으로 허리를 동이라 하나님은 교만한 자를 대적하시되 겸손한 자들에게는 은혜를 주시느니라"

5. 마음을 편하게 해 줌으로 헌신

(히 13:17) "너희를 인도하는 자들에게 순종하고 복종하라 그들은 너희 영혼을 위하여 경성하기를 자신들이 청산할 자인 것 같이 하느니라 그들로 하여금 즐거움으로 이것을 하게 하고 근심으로 하게 하지 말라 그렇지 않으면 너희에게 유익이 없느니라"

1) 목회자의 마음이 편해야 성경 연구와 기도에 전념할 수 있습니다. 목회자에게 불쾌한 언어 사용이나 반항적인 행동, 그리고 따지는 일을 하지 말아야 합니다.

2) 토요일에는 가능한 모든 시간을 주일준비와 설교준비에 집중할 수 있도록 해 주어야 합니다.

3) 토요일과 주일에 기분 나쁜 일이 생기면 주일설교가 엉망이 됩니다.

참고의 말씀

「성도 동역자」

목회할 때 교회 안에 많은 동역자들이 계십니다.

교회를 개척하여 삼 년이 지난 어느 날, 30살 된 젊은 여집사에게서 이런 전화가 걸려왔습니다.

"목사님, 기도하시다가 제가 생각나면 전화주세요. 저희 가정은 남매와 저희 부부 이렇게 사는데도 한 달 생활비가 꽤 많이 들어가는데, '목사님은 남자 자녀가 셋이니 그들을 먹이고 입히고 교육시키려면 얼마나 많은 생활비가 들까' 생각하니 마음이 편하지 않았습니다. 하지만 성직자로서 누구에게 함부로 돈 이야기를 할 수도 없는 것 아닌가요? 그러니 혹시 목사님께서 돈이 필요하시면 언제든지 '아무개 집사, 잘 있었어요?' 하고 전화주세요. 그러면 제 성의껏 도와드리겠습니다." 너무나 고마운 전화를 받은 것입니다.

그 후 얼마 안 되어 저희 어머님 회갑이 돌아왔습니다. 형제가 다 모였는데 백만 원씩 돈을 가져오기로 해서 제 아내에게 돈이 있느냐고 물으니 한 푼도 없다는 것입니다. 그래서 저녁에 강단에 엎드려 기도하는데 몇 달 전 "제가 생각나면 전화주세요." 했던 집사님 생각이 났습니다. "집사님, 잘 있었어요?" 하고 전화를 했더니 "저희 가게로 내려오세요." 라고 말했습니다.

"얼마나 필요하세요?", "네, 백만 원 정도가 필요합니다.", "죄송해요, 목사님. 제가 50만원은 준비가 되지만 어떻게 하지요?", "집사님, 그 돈만 해도 너무 감사합니다." 하고 집에 돌아왔습니다.

그런데 그날 저녁에 여전도회 임원들이 백만 원을 가지고 와서 어머니 회갑에 보태 쓰시라고 하는 것입니다. 알고 보니 그 집사님이 담임목사의 사정을 이야기하고 "우리가 도와드려야 하지 않겠느냐"며 다른 집사님들을 이해시킨 것입니다.

그 후로도 이 집사님은 열심히 교회와 목회자에게 봉사했습니다. 하나님은 그 집사님 집에 복을 주셨습니다. 60평 대지에 이층 건물을 주셨는데 가격이 세배로 올랐습니다. 특히 자녀들은 착하고 모범적입니다. 심는 대로 거두게 하시는 하나님께서 은혜를 주셔서 불경기속에서도 계속 사업이 발전하여 하나님께 영광 돌리고 있습니다.

– 출처 : 대한기독신문 –

깨달은 말씀 논하기

1. 하나님의 종에게 헌신하는 일에는 어떤 것들이 있습니까?

2. 무엇으로 주의 종에게 헌신하였습니까?

3. 앞으로 어떤 일로 주의 종에게 헌신하겠습니까?

통성으로 기도하기

오늘 배운 말씀을 마음에 새기고 실천할 수 있는 믿음을 달라고 힘 있게 함께 기도하십시오.

진정한 예수님의 제자

진정한 예수님의 제자가 되려면 이 책을 공부하신 후에 필히 일대일로 가르치든지 그룹으로 가르쳐 지키게 해야 합니다.

(마 28:20) "내가 너희에게 분부한 모든 것을 가르쳐 지키게 하라 볼지어다 내가 세상 끝날까지 너희와 항상 함께 있으리라 하시니라"

"십자가의 길은 사람을 살리는 길입니다."

Books by C.M.C.

양육교재

인간의 삶(개정판)

값 5,000원

인간이 고통을 당하는 이유를 성경을 통해 명확하게 알려주며 자신의 모습을 돌아보게 합니다.

새로운 삶(개정판)

값 5,000원

하나님을 알고 살아가는 삶이 새로운 삶임을 깨닫게 하며, 가르치는 자와 배우는 자가 동일하게 세워지도록 합니다.

제자의 삶(개정판)

값 5,000원

예수님의 진정한 제자는 어떻게 살아야 하는가를 성경적으로 권면합니다.

축복의 삶(개정판)

값 5,000원

하나님의 자녀로서 축복받는 삶이 무엇인가를 배우며 기쁨과 감사함으로 살아가게 합니다.

기도학교

값 3,500원

기도에 대해서 알고 싶어하고 배우고 싶어하는 성도들을 위해 하나님께서 들어주시는 올바른 기도를 가르쳐 줍니다.

새가족학교

값 3,500원

교회에 나오는 새가족들이 궁금해 하는 모든 내용들을 정리하여 그들의 궁금증을 해결해 주어 정착하도록 돕습니다.

전인치유학교 (성도용)

값 4,500원

어떻게 하면 하나님이 사람을 치료하는 것을 찾아볼까 하는 고민 중에 본 치유 프로그램이 만들어졌습니다. 이 치유 프로그램은 성경적인 치유를 전제로 만들어졌습니다. 인본적인 치유가 아니라 성경적인 치유 프로그램인 것입니다.

전인치유학교 (리더용)

값 8,000원

어떻게 하면 하나님이 사람을 치료하는 것을 찾아볼까 하는 고민 중에 본 치유 프로그램이 만들어졌습니다. 이 치유 프로그램은 성경적인 치유를 전제로 만들어졌습니다. 인본적인 치유가 아니라 성경적인 치유 프로그램인 것입니다.

목자예비학교

값 4,500원

평신도 리더로서 사역할 수 있도록 모든 소그룹 인도 방법을 자세하게 가르쳐 줍니다.

전도학교(예수전도법)

값 3,500원

예수전도법을 통하여 불신자를 전도하는 모든 방법을 가르쳐 전도는 누구나 할 수 있다는 자신감을 갖게 합니다.

교회학교 양육교재

인간의 삶(교회학교) 값 3,500원

새로운 삶(교회학교) 값 3,500원

제자의 삶(교회학교) 값 3,500원

축복의 삶(교회학교) 값 3,500원

새가족학교(교회학교) 값 4,500원

단행본

세계교회는 십자가의 길로 간다 값 8,000원

십자가의 길은 독자들에게 비전과 소망을 줄 것입니다. 목회의 목마름을 해갈해 줄 것입니다.

아울러 본 저서는 목회를 잘 해 보고자 하는 열심있는 목회자들과 목회에 지친 분들에게 새 힘을 불어넣는 좋은 책이 될 것입니다.

당신도 훌륭한 목회를 할 수 있다(상) 값 10,000원

목회를 하면서 많은 시행착오를 겪었다. 누군가 코치를 해 주는 사람이 있었으면 좋았을텐데 불행히도 없었다. 어려운 문제가 생길 때마다 좌절도 하고 낙심도 하면서 하나님께 기도하여 문제를 풀어 나갔다. 다행이 하나님께서 해결해 주셔서 어려운 목회 문제를 풀 수 있었다. 그리고 많은 은혜를 주셨다. 이 책이 나와 같은 목회자들에게 도움이 되었으면 좋겠다.

당신도 훌륭한 목회를 할 수 있다(하) 값 10,000원

목회는 모르면 어렵고 알면 쉬운 것이다. 이 책을 통해서 목회를 배우고 지금의 길을 달려가서 성공하는 목회자들이 많이 나오기를 원한다.

이 책을 읽는 분들은 많은 도전을 받게 될 것이다. 그리고 하나님의 원하시는 참된 목회를 추구할 것이다. 그러면서 하나님의 종이 된 것을 기뻐하고 감사드리며 헌신하게 될 것이다.

예수그리스도께서 가르쳐 주신 기도와 능력 값 5,000원

기도하는 많은 사람들을 새로운 기도의 세계로 인도할 것입니다. 주님이 가르쳐 주신 기도순서로 기도하면 깊은 영성을 소유하게 될 것입니다. 그리고 절대로 잘못된 기도는 하지 않게 될 것입니다. 또 놀라운 영적 경험을 하게 될 것입니다.

자신이 변화하는 것을 느끼게 되며, 치유의 역사가 속에서 일어나는 것을 느낄 것입니다.

기도훈련집 1, 2

- 값 6,000원
- 값 3,000원

이 기도문은 그리스도께서 하신 기도입니다. 지금까지 자기 욕심을 이루려는 기도를 드렸고 하나님을 괴롭게 하는 기도를 드렸음을 발견하게 될 것입니다. 또한 자신의 영혼이 깨끗해지고 마음이 청결해지는 것을 느끼게 될 것입니다.

교회건강검진 값 10,000원

건강한 교회와 성장하는 교회는 다른 시각으로 보아야 합니다. 건강하지 못해도 성장하는 교회가 있습니다. 이런 교회는 바람직하지 못합니다. 교회는 하나님 보시기에 건강해야 하고 또 성장해야 합니다. 그러기 위해서 검사 방법이 정확해야 합니다. 여기에 그 방법을 소개합니다.

폭발적 목장영적추수행사 값 3,500원

목장영적추수행사는 좀 더 체계적으로 훈련하여 성도의 생각을 바꾸고 생활 속에서 신앙적으로 전도 활동과 목장 집회를 갖도록 하는 획기적인 책입니다.

이 책이 제시하는 대로 시행한다면 누구든지 전도를 할 수 있으며 목장도 활성화되는 결과를 얻게 될 것입니다.

52주 목장집회 1, 2 각 값 6,000원

예배는 구원 받은 사람들이 하나님을 경외하는 것입니다. 집회는 사람들이 모여서 하나님의 은혜 받기를 사모하는 것입니다. 예배와 집회는 전혀 다른 성격을 띠고 있습니다. 목장 집회는 하나님의 은혜를 받기 위한 특별한 모임입니다. 목장 집회의 중요한 리더 만들기와 기도 셀, 사랑의 실천, 불신자를 위한 모임 등을 실천하도록 하였습니다.

생명을 얻는 길(상) 값 2,500원

태신자의 눈높이에 맞춘 맞춤식 양육 교재입니다. 철저히 태신자의 입장에서 그들의 문제를 해결하고 있는 것이 본서의 특징입니다. 또한 기존 성도들도 태신자를 양육하면서 은혜 받고 하나님이 원하시는 신앙으로 바뀌게 됩니다.

'생명을 얻는 길'은 미니 전도지와 함께 사용하면 양육 효과가 더욱 크게 나타납니다.

영혼의 찬양 값 5,500원

십자가선교센터에서 선정한 200곡의 주옥같은 찬양을 수록하였습니다.

너희는 이렇게 기도하라 값7,000원

하루를 여는 새벽시간 개인적으로 읽고 묵상하며 경건의 시간을 갖도록 되어 있습니다. 교회에서 21일 특별 새벽기도회 기간에 활용하시면 큰 은혜의 시간이 될 것입니다.

유아세례 학습서 값8,000원

아이들에게 있어 부모의 신앙은 매우 중요합니다. 그 이유는 아이들이 부모의 신앙을 그대로 배우기 때문입니다. 그러므로 유아 세례를 줄 때 부모를 함께 철저하게 교육시킬 필요가 있습니다.

영성. 인성교육

"신앙속에서 인성교육을 공부하다"

우리가 살아가는데 꼭 필요한 인성을 기르기 위해 알아야 할 내용과, 이것을적용할 수 있게 오래 기억되어 각각의 개인 뿐 아니라 가족들이 함께 변화될 수 있는 방법들로 구성되어 있습니다.

교인보감 1
(유년부)
값 10,000원

교인보감 1
(초등부)
값 10,000원

교인보감 1
(중등부)
값 10,000원

교인보감 1
(고등부)
값 10,000원

교인보감 1
(대학청년부)
값 10,000원

교인보감 1
(장년부)
값 10,000원

교인보감 2
(유년부)
값 10,000원

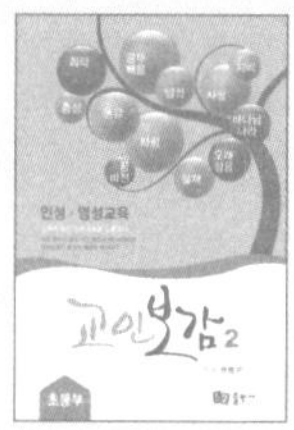

교인보감 2
(초등부)
값 10,000원

교인보감 2
(중등부)
값 10,000원

교인보감 2
(고등부)
값 10,000원

교인보감 2
(대학청년부)
값 10,000원

교인보감 2
(장년부)
값 10,000원

교인보감 3
(유년부)
값 10,000원

교인보감 3
(초등부)
값 10,000원

교인보감 3
(중등부)
값 10,000원

교인보감 3
(고등부)
값 10,000원

교인보감 3
(대학청년부)
값 10,000원

교인보감 3
(장년부)
값 10,000원

맞춤전도지

현대인들은 매우 바쁘고 복잡하게 살아갑니다. 그들에게 복음을 전하기란 쉽지 않습니다. 이와 같은 문제점을 해결하고자 **52출판**에서는 **5분 안**에 **어느 누구**에게든지 **시간과 장소에 국한되지 않고 복음**을 전하는 **맞춤 전도지**를 만들었습니다. 하나님의 나라가 우리나라 가운데 임하길 기도드립니다.

1 복된 소식

값 300원

죄의 문제 해결과 구원에 대한 진리를 선포하고 있습니다.

2 5분 복음제시

값 300원

죄의 문제 해결과 하나님을 믿으면 좋은 것에 대하여 설명합니다.

3 인생을 아십니까?

값 300원

인생무상과 가치있는 삶에 대한 해결책을 제시합니다.

4 도를 아십니까?

값 300원

사람이 가야 할 참된 인생의 길과 후회없는 삶을 제시합니다.

5 사람은 왜 고난이 많습니까?

값 300원

사람의 고난과 고통의 문제에서 벗어나 평안하게 사는 길을 제시합니다.

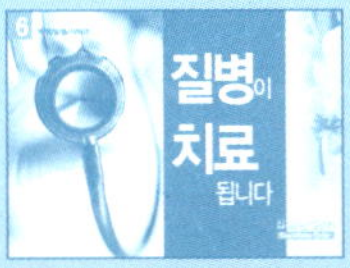

6 질병이 치료됩니다

값 300원

질병에서 벗어나 기적을 경험하는 삶을 제시합니다.

7 자신의 미래를 아십니까?

값 300원

사람은 자신의 미래에 대해서 궁금해 합니다. 그 미래에 대한 명쾌한 해답을 제시합니다.

8 인생문제해결을 원하십니까?

값 300원

모든 사람은 문제를 안고 살아갑니다. 문제 해결과 축복의 삶을 제시합니다.

9 교회를 쉬고 계십니까?

값 300원

신앙생활을 하다 여러가지 시험과 문제로 교회를 쉬고 계십니까? 하나님께서는 첫사랑을 회복하기를 원하십니다.

10 어떤 종교를 가지고 계십니까?

값 300원

어떤 종교를 가지고 있느냐에 따라서 사후의 삶이 달라집니다. 참 종교의 길을 제시합니다.

중급반교재

십자가의 길 생활 시리즈 (중급반)

교회생활 …값 5,000원

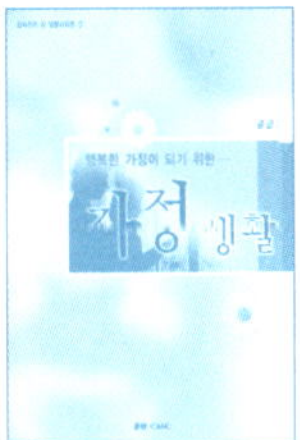

가정생활 …값 5,000원

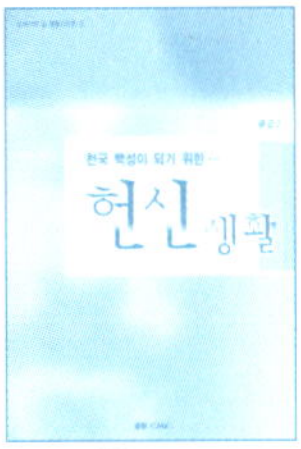

헌신생활 …값 5,000원

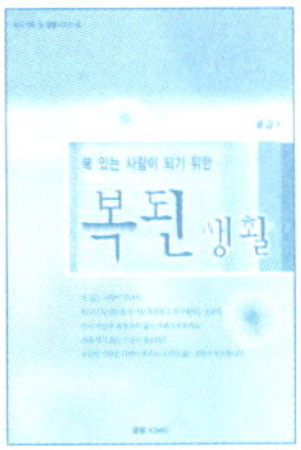

복된생활 …값 5,000원

목자학교 …값 7,000원

전인성품치유 값 7,000원

지도자훈련학교 값 5,000원

소원기도모임 값 5,000원

기도훈련집 "너희는 이렇게 기도하라" 시리즈 ②~⑤

유치유년기도훈련집 값 9,000원

초등부기도훈련집 값 5,000원

청소년기도훈련집 값 6,000원

노년부기도훈련집 값 7,000원

홈페이지 http://www.cross9191.com 02)2617-2044, 2685-0423